コツは特にない。
でも、100%おいしい！

はるあんの

ベスト
おやつ

だれが作っても 再現率100%の おいしさ！ を目指しました。

目指したのは、おやつを食べたくなったときすぐに、
「わたしでも作れそう……!」って思えるレシピ。
でも、カンタンだからって、
出来上がったときに「まあこんなもんか……」と思ってほしくない。
作るからには、スペシャルな満足感で満たされてほしい。
だから、

・材料と手間は最小限
・特にコツはない
・でも、100%おいしい！

つまり、「おいしさ」と「カンタン」が
ギリギリ両立するレシピを目指しました。

カップアイス1つあれば、
卵も生クリームもバターもなしで、
外国のおやつみたいなマフィンができちゃう！

「カップアイスで作れるスーパーマフィン」

失敗しちゃいそうな工程は、
ぜんぶ省いた親切レシピ。

perfect!

食べすぎキケン！
市販のキャラメルを1分チンして
くるみと和えるだけ。

「止められないキャラメルナッツ」

変わった材料は一切なし。
でも、「お湯で焼く」だけで、
百貨店のスイーツのようなしっとり感。

「生チョコみたいな濃厚ガトーショコラ」

Happy!

なのに、「えっ!?これ、ほんとに
わたしが作ったのかな?」と
思える、大満足の出来上がり。

ポリ袋に材料を入れて、手で揉んで、
焼き上げるだけ。
カフェでびっくりしたあの味を再現できます。

「焼くまで5分のポリ袋バナナケーキ」

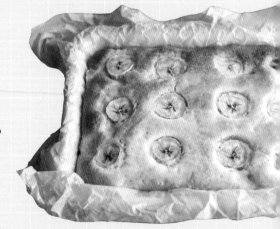

はじめに

おいしそうすぎて、
おもわず試食して
しまったときの写真

　わたしの大好きな時間、それはおやつの時間です。一日の途中にちょっとひと息つけると、「はわわぁ」って幸せな気持ちになりませんか?

　でもね、難しいものを作りたいわけではなくって。だって日々生活していると時間もなかなかないし、つかれちゃうし、手のこんだものはできない日も多くないですか? ラクチンなことばっかりしたいので、粉をふるったりはしないし、計量もラクにしたいし、なにより洗いもの、これは少なくしなければ! と謎の使命感を持って試作を重ねて、ボウル1つでできる、とか、なによりわたしがいちばんうれしいレシピが出来上がりました。(よくやったわたし!)

　ここまで、おやつを手作りする前提でお話をしてきてしまいましたが、世の中にはたーくさん市販のお菓子だったり、ケーキ屋さんだったりパン屋さんだったり、おいしいものがあふれているじゃあないですか。それも、とってもいいと思うのです。別に手作りがぜったいイイ! ステキ! ってわけではないですし、失敗もなくて、おいしいし。

　でも、手作りおやつのいいところもたくさんあるのです。

　ひとりで作っても、だれかのために作っても、心がぽかぽかしてきてホッとする。ちょっと地味ではあるけれど、「あぁわたし今日も楽しんでる!」って思えるはずです。毎日おんなじことの繰り返しでも、作るおやつが違っていればきっと、毎日の色が変わってくるし、なによりその先に「おいしい!」が待っていてくれる。キッチンに立って作業する、というスペシャルな時間をみんなと共有できたら、わたしは本当にうれしいのです!

　最後にどうしても言いたいことがあって。これからご紹介するのは、お菓子ではなく「おやつ」なのです。「おやつ」だから気楽に、キチキチ気持ちを張らずに、楽しむことを忘れずにつくってね。この本を作りながら、いちばん伝えたいのはこの気持ちだなって思いました。

はるあん

目次

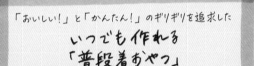

「おいしい！」と「かんたん！」の
ギリギリを追求した
いつでも作れる
「普段着おやつ」

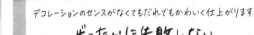

デコレーションのセンスがなくてもだれでもかわいく仕上がります
ぜったいに失敗しない
「きほんのケーキ」

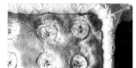
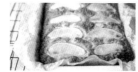

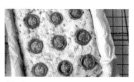

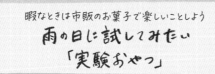

眠れない夜もわたしたちのそばにはおやつがいます
「真夜中のティータイム」の おともたち

まるごとジュクジュク
焼きリンゴ　　　　P.79

魅惑の桃杏仁パフェ
　　　　　　　　P.80

ホットケーキミックスを
一番おいしく食べる方法　P.82

熱々ホットチョコレート
　　　　　　　　P.83

天板いっぱい
チーズクラッカー　　P.84

お花見もハロウィンもおやつを楽しむためにあるんです
季節の「イベントスイーツ」

春のお花見みたらし団子
　　　　　　　　P.86

夏のスイカシャーベット
　　　　　　　　P.87

お盆はおばあちゃんの
おはぎ　　　　　P.88

芋掘りのあとは
大学芋ケーキ　　P.89

ハロウィンはパンプキンパイ
　　　　　　　　P.90

クリスマスの味
シュトーレンクッキー　P.92

おせちに入れたい
コンビニ田作り　P.94

大げさですけど覚えておけば確実に……
人生が変わる 「一生モノの手作りパン」

魔法のほったらかし
プチパン　　　　P.96

感動のほったらかしピザ
　　　　　　　　P.99

革命！フランスパン
　　　　　　　P.100

フライパンで焼ける
シナモンロール　P.102

揚げ焼きちぎりドーナッツ
　　　　　　　P.104

このへんがあれば、だいたい作れる！
きほんの道具

【調理道具】

- □ 耐熱ボウル (A)
- □ 泡立て器 (B)
- □ ゴムベラ (C)
- □ 計量スプーン (D)
- □ 計量カップ (E)
- □ デジタルスケール (F)

- □ 茶こし (G)
- □ 包丁 (H)
- □ スプーン (I)
- □ ピーラー (J)
- □ カード（スケッパー）(K)
- □ 麺棒 (L)

- □ バット (M)
- □ フライパン (N)
- □ たまご焼き器 (O)
- □ ミトン（鍋つかみ）(P)
- □ （あれば）ハンドミキサー

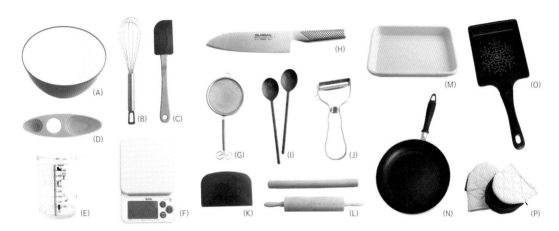

(A) (B) (C) (D) (E) (F) (G) (H) (I) (J) (K) (L) (M) (N) (O) (P)

【消耗品】

- □ ラップ (Q)
- □ ポリ袋 (R)
- □ アルミホイル (S)

- □ クッキングシート (T)
- □ 竹串 (U)
- □ タッパー (V)

【型】

- □ 紙製のマフィンカップ (W)
- □ 15cm のパウンドケーキ型 (X)
- □ 15cm のホールケーキ型 (Y)

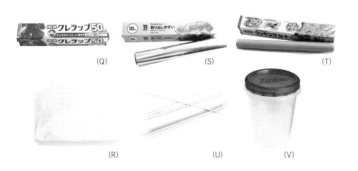

(Q) (S) (T) (R) (U) (V)

(W) (X) (Y)

おいしくできますように！

本書の使い方

【レシピ名】

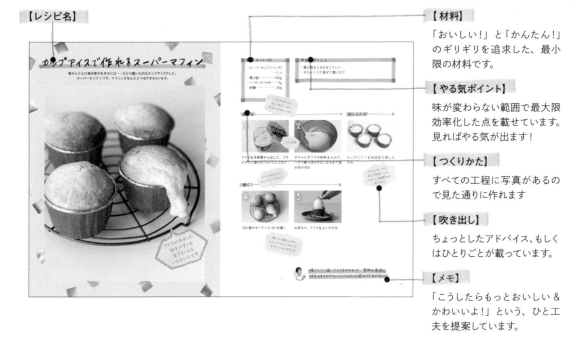

【材料】

「おいしい！」と「かんたん！」のギリギリを追求した、最小限の材料です。

【やる気ポイント】

味が変わらない範囲で最大限効率化した点を載せています。見ればやる気が出ます！

【つくりかた】

すべての工程に写真があるので見た通りに作れます

【吹き出し】

ちょっとしたアドバイス、もしくはひとりごとが載っています。

【メモ】

「こうしたらもっとおいしい＆かわいいよ！」という、ひと工夫を提案しています。

【きほんの材料】
・砂糖 … 本書はすべて一般的な上白糖です。
　　　　（ほかの砂糖でも大丈夫です）
・バター … 本書はすべて食塩不使用です。
　　　　（有塩でも大丈夫です）
・生クリーム … 乳脂肪 35 〜 48% の純生クリームです。
　　　　（植物性脂肪のものでも大丈夫です）

【レシピについて】

本書には目安となる分量や温度、調理時間を載せていますが、材料や調理器具によって出来上がりには多少のバラつきがあります。様子を見ながら加減してください。

【大さじ・小さじ】

大さじ 1 は 15cc、小さじ 1 は 5cc。

【「室温に戻しておく」とは？】

バターやクリームチーズなどを柔らかくして練りやすくするための下準備です。忘れてしまっていたときは、レンジで 10 秒〜 20 秒加熱しても OK です。

【電子レンジの加熱時間】

本書のレシピは 500W の場合の目安です。
600W の場合は 0.8 倍にしてください。

【オーブンの温度と加熱時間】

家庭用の電気オーブンを使用した場合の目安です。

おやつの時間、はわわわわぁ

1

「おいしい！」と「かんたん！」のギリギリを追求した

いつでも作れる
「普段着おやつ」

カップアイスがあれば作れるマフィン、たまご焼き器で焼けるチーズケーキ、
1分チンするだけのキャラメルナッツ。
材料も手間も最小が嬉しい、でも味は、ぜったいおいしいほうがいい。
そんな欲張りなわたしたちのためのレシピです。

カップアイスで作れるスーパーマフィン

超かんたんに焼き菓子を作るには……たどり着いたのはカップアイスでした。
スーパーカップ1つで、マフィンがなんと5つもできちゃいます。

アイスがあれば、
卵もバターも
生クリームも
いらないんです

材料（4〜5つ分）

・スーパーカップ（バニラ）
　　　　　　　　　 … 1つ
・薄力粉 ………… 100g
・ベーキングパウダー … 5g
・砂糖 ………………… 30g

やる気ポイント

・薄力粉をふるわなくていい
・ボウル1つで混ぜて焼くだけ

いろんなアイスで
試してみたい。
抹茶とかおいしそう

混ぜる ➡

1

アイスを冷凍庫から出して、フチがすこし溶けるくらいにしておく

ここで予熱

2

ボウルにすべての材料を入れて、ヘラで粉っぽさがなくなるまで混ぜ合わせる

型に入れる ➡

3

カップに7〜8分目まで流し入れる

マフィンカップは
100円均一にも
かわいい紙製のが
売ってるよ

びっくりするくらい
かんたんじゃない？

焼く ➡

4

180度のオーブンで20分焼く

焼いたら膨らみます。
ちょっとくらいこぼれても、
かわいいから大丈夫

5

お好みで、アイスを上にのせる

焼きたてに追いアイスをのせれば、禁断の味。
ほろっほろのマフィンにじゅわっと染みてたまんない。

極薄仕上げのほろ甘練乳クッキー

焼き上がりはミルク感いっぱいの幸せな匂い。かじってみると、
クッキーとパイの間みたいな驚きのサクサク感！　飽きのこない素朴な甘さが特徴です。

抜き型いらずで
割るのが楽しい！

材料 (天板1枚分)

- 薄力粉 ………… 90g
- 砂糖 ………… 20g
- サラダ油 ……… 50g
- 練乳 ………… 40g

やる気ポイント

- ポリ袋の中で混ぜるから洗い物が少ない
- 抜き型がなくてもかわいく仕上がる

ざっくりでいいと思うんですよね、おやつですから

混ぜる →

1 器にポリ袋をかぶせて、すべての材料を量り入れる

2 ポリ袋を持ち上げて、手で粉っぽさがなくなるまで揉む

伸ばす →

ここで予熱

3 オーブンシートを敷いて、2の生地を広げ、もう1枚シートで挟む。その上から麺棒で天板いっぱいに薄く伸ばす

→

焼く →

4 カードや包丁で、ひし形にカットする

横→ナナメの順に線を入れると、あっという間にひし形に

しっかり焼き切ったほうがサックサクになります

5 150度のオーブンで18〜20分、完成写真の色になるまでしっかり焼く

不器用なわたしでも、手で割るだけで、ふぞろいなひし形がいいかんじになりました。

生チョコみたいな濃厚ガトーショコラ

どうせチョコレートのおやつを作るなら、最大限濃厚！ なのがいいでしょ。
だからチョコとバターの量は多め、粉の量を最小限にしたレシピです。

しっとり濃厚の
秘密は
「お湯で焼く」

あ〜この匂いまで伝わればいいのに

混ぜる →

たまご〜パッカラコーン

ここで予熱

1 耐熱ボウルに割ったチョコとバターを入れて、500W のレンジで（ラップをせずに）3分加熱する

2 泡立て器でぐるぐる混ぜる

3 卵と薄力粉を加えて、粉っぽさがなくなるまで混ぜ合わせる

焼く →

オーブンシートの敷き方は下の写真を見てね

4 型にオーブンシートを敷いて、流し入れる

5 4をバットの上に置いて、天板にのせる。バットの中に熱湯をギリギリまで注ぐ

6 150度のオーブンで60分じっくり焼く。焼きたてをひと口食べたらあとは我慢して、冷蔵庫でひと晩冷やすともっとおいしい

写真の位置に切り込みを入れる

折り目をつけていくこんな感じ

シートを折り畳みながら型に入れていく

これでバッチリ！

"未完成"レアチーズクリーム

レアチーズケーキってゼラチンで固めるのが難しいじゃない？
で、結局わが家ではむしろ固まってないままのほうが好き、という結論に至ったんです笑

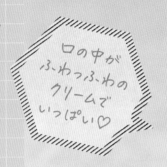

口の中が
ふわっふわの
クリームで
いっぱい♡

材料（4つ分）

<レアチーズ>
・クリームチーズ … 200g
　※室温に戻しておく
・砂糖 …………… 40g
・卵黄 …………… 1つ分
・ホイップクリーム（市販）
　　　　… 1箱分（220cc）

<盛り付け>
・マリービスケット … 4袋
・いちごジャム … お好みで

クリームチーズは
レンジで 10 〜 20 秒
チンしても OK

やる気ポイント

・ホイップクリームは市販
　の泡立て済みのもので
　いい
・ゼラチンを入れて冷や
　し固めなくていい

混ぜる

ボウルにクリームチーズと砂糖を
入れて、ヘラで混ぜる

卵黄を加えて、さらに混ぜる

ホイップクリームを加えて、ふわっ
と混ぜ合わせる

で、ここで普通だったら
ゼラチン入れて
固めるんだけど、
そのままの方がラクチンだし
おいしかったんです！

盛り付ける

もう盛り付けですよ、
早いでしょ

ビスケット → いちごジャム → 3
のクリーム → いちごジャムの順
に盛り付ける

実はこれ、
母の日に作ってあげた
レシピなんですよ〜

このふわふわクリームは、
パンとかパウンドケーキにのせてもおいしい、
めちゃくちゃ万能な子なんです！

たまご焼き器で焼けるチーズケーキ

なめらかな口当たりの中心部と、しっかり焼けたフチの食感の違いがいいかんじ。
たまご焼き器だからこそできる焼き加減です。味は懐かしい王道系。

カフェみたいに
スクエア型に
切れるのがかわいい

やる気ポイント

・オーブンいらず 10 分で焼ける
・ケーキ型もいらない

練乳を入れたら、パサつかずしっとりするんです

混ぜる

ボウルに材料を順に入れて、ひとつ加えるたびに、泡立て器でよく混ぜ合わせる

ボウルが動いて混ぜにくいときは、濡らした布巾を下に敷くといいよ

焼く →

たまご焼き器の底にオーブンシートを敷いて、**1**を流し入れる

たまご焼き器1枚分がちょうどいい量なの

アルミホイルでふたをして、弱火で 10 分焼く。そのまま冷めるまでほったらかす

焼き時間は最小限。余熱で火を通すイメージです

冷やす

粗熱がとれたら、食べるのをなんとか我慢して冷蔵庫でよく冷やす

四角くスクエア型に切っても、棒状のスティック型にしてもかわいいです。

おとなのフルーチェシェイク

フルーチェを好きなだけ食べれるって、「おとなの自由」ってかんじしません!? 夢です、夢。
さっぱりした甘さなので、カレーのあとなんかにおすすめ。

シャリシャリな
ヨーグルトラッシー
みたい

材料（4杯分）

・フルーチェ …… 1袋
・牛乳 ………… 100cc
・バニラアイス（爽）… 1つ

太いストローで飲むと、
ズズっと吸えて満足感があります。

ロッテの「爽」が
シャリシャリ感が強まって
オススメです

飲む前に
牛乳大さじ1を加えて、
ゆるめにしてもおいしいよ

混ぜる

1 ボウルにフルーチェと牛乳を入れて、よく混ぜる

2 バニラアイスを加えて、さらに混ぜ合わせる

凍らせる

3 冷凍庫でシャリッとするまで凍らせる

ふわふわ牛乳かき氷

手間がかかりません。水で作るよりふわふわです。なんでも合います。
見た目もかわいいです。つまり、優等生なおやつです。

牛乳だから
溶けても
水っぽく
ならないのよ

材料

・牛乳 ……… お好みで
・きな粉 …… お好みで
・練乳 ……… お好みで
・黒蜜 ……… お好みで

おとなの方は、いろんな味のポーションコーヒーを
かけてみてもおいしいかも◎

凍らせる ⟶

牛乳を凍らせる

削る

かき氷にする。トッピングはきな
粉をかけて、その上に練乳か黒
蜜がおいしい

わたしが使ってるのは、
ドウシシャの
「電動ふーわふわとろ
雪かき氷器」だよ

氷自体は甘くないから、
甘党はたっぷりかけてね

超高速 45秒ティラミス

ベーシックな作り方とさほど変わらないです。それを究極かんたんにしたらこうなりました。
よく混ぜて食べるとあら不思議、超ティラミス。

材料（4つ分）

・マリービスケット … 1袋
・ブラックコーヒー（加糖）
　　　　　… 大さじ1
・マスカルポーネチーズ
　　　　　… 60〜70g
・砂糖 ……… 大さじ1/4
・ホイップクリーム（市販）
　　　　　… たくさん
・板チョコ（ミルク）… 適量

スプーンで全体を
よくかき混ぜて、
味をしっかり馴染ませて
から食べてね。

重ねる ▶

1. マリービスケットを袋のまま粗く砕いて、グラスに入れる

2. コーヒー → マスカルポーネチーズ → 砂糖の順に加える

3. ホイップクリームをたくさんかける

仕上げ ▶

4. チョコをピーラーで削って、トッピングする

チョコは冷蔵庫で
冷やしておくと、クルンと
なって削りやすいよ

マスカルポーネチーズは
高いけど、キチンと
入れたらおいしいもの
はケチらない！

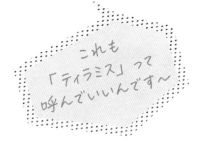
これも
「ティラミス」って
呼んでいいんです〜

止められない キャラメルナッツ

味見したら最後……。ナッツ好きにはたまらない、食べ過ぎ注意な悪魔のクルミです。
甘党のティータイムのおともにどうぞ。

なんとレンジで
1分チンして、
和えるだけ！

材料 (作りやすい分量)

- キャラメル (市販)
  … 10 粒 (45g)
- 水 ………… 小さじ1
- 砂糖 ……… 大さじ1
- くるみ (ロースト) … 70g

キャラメルがすっごく
歯にくっつくんですけど笑、
でもそれが
おいしいんですよね。

あ、そういえば
500Wと600Wの
時間の違いは
P.10にまとめたよ

ここで何を
するかって？
あ・じ・みです

加熱する

耐熱ボウルにキャラメルと水を入れて、500W のレンジで (ラップをせずに) 1分加熱する

混ぜる

ヘラで軽く混ぜて、砂糖とくるみを加え、ざっくり和える

冷やす

冷凍庫で1時間くらい冷やす

フライパンで焼けるクッキーピザ

表面はねっちゃり生っぽいクッキー。裏側はサクサクなタルトみたい。
「チューイークッキーみたいなのがいい」と妹に熱弁されてがんばっちゃいました。

小さい子が
大好きなおやつです！
簡単なので
パーティーにもってこい

材料 （フライパン1つ分）

- バター …………… 100g
- 砂糖 …………… 130g
- 薄力粉 ………… 200g
- ベーキングパウダー … 3g
- 塩 …………… 2g
- 卵 …………… 1つ

<トッピング>
- ホイップクリーム（市販）
　　　　　… お好みで
- カラフルスプレー
　　　　　… お好みで

やる気ポイント

- フライパンの上で混ぜる
　からボウルがいらない
- オーブンいらず

ホワイトソースを
作るときみたいな
かんじです

混ぜる →

フライパンを弱火にかけて、バターを溶かす

（火はずっとつけたまま）砂糖を加えて、ヘラでザラザラしなくなるまで混ぜ合わせる

薄力粉・塩・ベーキングパウダーを加えて、粉っぽさがなくなるまで混ぜる

この作り方のときは、
材料を先にぜんぶ
量っておくとスムーズ

→

焼く →

冷やす →

カラフルスプレーさえあれば、
小さい子がめちゃくちゃ
喜んでくれます

溶き卵を2回に分けて加え、卵が固まらないよう手早く混ぜる

生地を平らにし、ふたをして弱火で約10〜15分フチがこんがり色づくまで焼く

粗熱がとれたら冷蔵庫で冷やし、トッピングをする

ピザみたいに好きなようにトッピングして、楽しんでね。
チョコペンで文字も書きやすいと思います。

あんこミルクプリン　カフェオレプリン

材料（4つ分）

- お湯 ………… 100g
- ゼラチン ………… 7g
- 練乳 ………… 80g
- 牛乳 ………… 250g
- ゆであずき（缶詰）
  … お好みで

あんこミルクプリン

※はかりの上にボウルを置いて、計量しながら作ってね

1. ボウルにお湯とゼラチンを入れて、泡立て器で溶かす
2. 練乳と牛乳を加えて、混ぜる
3. お気に入りの器に流し入れ、
   ラップをして冷蔵庫で3時間ほど冷やし固める
4. 仕上げにゆであずきをたっぷりのせる

わたしはこれが
一番お気に入り

赤い果物を
のせると
レトロかわいい

ミルクティープリン

材料 (4つ分)

カフェオレプリン

- 砂糖 ………… 大さじ3
- インスタントコーヒー
  … 大さじ1
- お湯 …………… 100g
- ゼラチン ………… 7g
- 牛乳 …………… 300g

<仕上げ>
- ホイップクリーム (市販)
  … お好みで

※はかりの上にボウルを置いて、計量しながら作ってね
1. ボウルに砂糖・コーヒー・お湯を入れて、混ぜる
2. ゼラチンを入れて、泡立て器で溶かす
   牛乳を入れてさらに混ぜる
3. お気に入りの器に流し入れ、
   ラップをして冷蔵庫で3時間ほど冷やし固める
4. 仕上げにホイップクリームをかける

材料 (4つ分)

ミルクティープリン

- お湯 …………… 100g
- ティーバッグ …… 2つ
- 砂糖 ………… 30g
- ゼラチン ………… 7g
- 牛乳 …………… 300g

<仕上げ>
- 練乳 ……… お好みで

※はかりの上にボウルを置いて、計量しながら作ってね
1. ボウルにお湯とティーバッグを加え、ふたをして3分蒸らす
2. ティーバッグを取り出し、砂糖とゼラチンを入れて、
   泡立て器で溶かす。牛乳を加えてさらに混ぜる
3. お気に入りの器に流し入れ、
   ラップをして冷蔵庫で3時間ほど冷やし固める
4. 仕上げに練乳をかける

いろんな
フレーバーの紅茶で
試してみてね

奇跡の缶詰スコーン

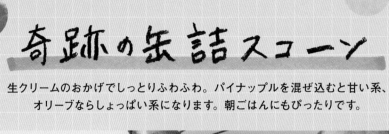

生クリームのおかげでしっとりふわふわ。パイナップルを混ぜ込むと甘い系、
オリーブならしょっぱい系になります。朝ごはんにもぴったりです。

冷凍 → 解凍
しても衝撃の
ふ-わっふ-わ

材料 (8つ分)

- 強力粉 ………… 200g
- ベーキングパウダー … 5g
- 砂糖 …………… 50g
- 生クリーム …… 200cc
- パイナップルスライス(缶詰)
  … 2枚
もしくは
- オリーブ (缶詰) … 30g

やる気ポイント

- 混ぜ込むものは余った缶詰でいい
- 強力粉をふるわなくていい

生クリームは 47%の高脂肪がおすすめ。濃厚なほどおいしいスコーンになります

混ぜる

ボウルに強力粉・ベーキングパウダー・砂糖を入れて、ヘラで混ぜる

生クリームとパイナップルを刻み入れて、さっくり混ぜる

こねる

生地がひとかたまりになるまで、手で数回こねる

この時点で生地を2つに分ければ、パイナップルとオリーブが4つずつ作れるよ

寝かせる

ラップに包んで、冷蔵庫で1時間以上寝かせる

ほったらかして、では休憩するか洗濯物でも畳みましょう

焼く

ここで予熱

8つに切り分けて、天板にのせる

190度のオーブンで18〜20分焼く

ほかの缶詰でも試してみてね。ちょっぴりバターをつけて食べると、もっとおいしいよ。

大きなケーキは
ヒイギのミカタ

2

デコレーションのセンスがなくてもだれでもかわいく仕上がります

ぜったいに失敗しない
「きほんのケーキ」

かならず膨らむ「きほんのスポンジ」、センスのいらない「煮いちごショート」、
ポリ袋に材料を入れて、手で揉んで、バットに絞る、焼くまで5分の「バナナケーキ」……
これさえ作れば、まるでおやつ上手になった気分。

きほんのスポンジケーキ

そもそも年に数回しか焼かないのに、膨らまないで失敗するほど悲しいことってないからさ、
ベーキングパウダーに頼ったっていいんじゃない?

材料（15cm の丸型）

- 卵 ……………… 3つ
- 砂糖 ………… 70g
- サラダ油 … 大さじ2
- 薄力粉 ……… 70g
- ベーキングパウダー … 6g

ぜったい膨らむ
スポンジの焼き方
教えます

右手と左手で
4往復くらい
たーくさんがんばって

混ぜる

ここで予熱

1 ボウルに卵と砂糖を入れて、かたまりがなくなるまで軽く混ぜる。500W のレンジで(ラップをせずに)1分温める

2 泡立て器でふわふわになるまで、しっかり長めに泡立てる

3 サラダ油を入れて、さっと混ぜ合わせる。薄力粉とベーキングパウダーを加え、ダマがなくなるまで大きくゆっくり混ぜる

焼く

冷やす

4 型にオーブンシートを敷いて、生地を流し入れる。180 度のオーブンで 25 分焼く

5 焼き縮みを防ぐため、一度型からポコンと落としたあと、常温で冷ます

コップの上に型ごと置くと、
ポコンと型が外れて
ケーキだけが残ります

染みしみ煮いちごショートケーキ

この煮いちごケーキなら、生クリームで全体をデコレーションしなくていいし、
いちごを上手にカットする必要もないので、だれがやってもかわいくなります。すごくない？

いちごの煮汁が
スポンジに
染みたところが
おいしいの！

材料 (スポンジケーキ1台分)

＜煮いちご＞
- いちご … 250g (1パック)
- 砂糖 ……………… 70g
- レモン汁 …… 大さじ1

＜ケーキ＞
- スポンジケーキ … 1台
- ホイップクリーム (市販)
  … お好みで

やる気ポイント

- デコレーションのセンスがいらない
- いちごの形や大きさにこだわらなくていい

煮いちご →

1

材料を鍋に入れ、軽く混ぜて常温で30分置く

いちごの水分が
出てくるよ

2

火にかけ、強火でとろみがつくまで煮る

ケーキ →

3

ケーキを2つにカットして、煮いちごを挟む

ため息が出ちゃう
かわいさじゃない？

→

4

最後に煮いちごとホイップクリームをのせる

ほら、
もうできちゃいました

ブルーベリーやキウイで作っても、
大人っぽくてかわいいかも。
もし作ったら、すぐ教えてね！

クリームに埋もれたいときのカスタード

冷蔵庫にあるものですぐに作れます。おすすめの食べ方は、
カスタードと生クリームを混ぜ合わせて、スポンジケーキにサンドして食べる！

混ぜる → レンチンを
3回繰り返したら、
とろーんとしたクリームの
出来上がり

材料（作りやすい分量）

<カスタードクリーム>
- 薄力粉　………　大さじ 3
- 砂糖　…………　大さじ 5
- 牛乳　…………　150cc
- 卵黄　…………　1つ分
- バター　………　大さじ 1
- （あれば）ラム酒
　　　…　小さじ 1/2 ～ 1

<ケーキ>
- 生クリーム　……　200cc
- スポンジケーキ　…　1台
- 粉糖　…………　お好みで

やる気ポイント
- 冷蔵庫にあるもので作れる
- 薄力粉をふるわなくていい

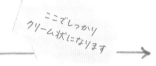
この時点で、ほんのすこしモッタリします

ここでしっかりクリーム状になります

クリーム　→

薄力粉と砂糖を泡立て器で混ぜる。牛乳を加えて、さらに混ぜる

500W のレンジで（ラップをせずに）2 分加熱する。泡立て器で一度かき混ぜる

500W のレンジでさらに 1 分加熱し、かき混ぜる

卵黄を加えて混ぜる

500W のレンジで最後に 1 分加熱し、軽く混ぜる

バターとラム酒を加えて、混ぜ合わせる

ケーキ　→

ラム酒はお好みで。バニラエッセンスでもおいしいです

生クリームを泡立て、カスタードクリームとヘラで混ぜ合わせる

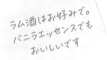

2 つにカットしたスポンジケーキに 7 を挟んで、上にものせる。お好みで粉糖をかける

シベリア風あんこケーキ

ジブリ映画の「風立ちぬ」に出てきた、シベリアみたいなケーキ。
なめらかな生クリームと甘いあんこ、香ばしいゴマが口の中で混ざったら、おいしすぎるんです。

手作りあんこは
裏切らない

材料 (作りやすい分量)

<粒あん>
- 小豆 ……………… 250g
- 砂糖 ……………… 230g
- 塩 ………… ひとつまみ
  （指3本分）

<ケーキ>
- 生クリーム …… 200cc
- 砂糖 ………… 大さじ2
- スポンジケーキ … 1台
- すりごま（黒）… お好みで

やる気ポイント

- デコレーションがかんたん
- 粒あんは煮る時間を変えるだけで、好みの固さに調節できる

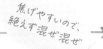

このとき小豆が水に浸っていることが大事です。水が少なくなったら加えてね

焦げやすいので、絶えず混ぜ混ぜ

粒あん

鍋に小豆を入れ、たっぷりの水を加えて強火にかける。沸騰したら弱火にして、アクが出るまで煮る。アクが出てきたら一度ザルにあける

小豆を鍋に戻し、新しい水をたっぷり入れて強火にかける。沸騰したら弱めの中火にして、小豆がほろっと崩れるまで煮る

弱火にして、砂糖を加え、ときどき混ぜながら好きな固さになるまで煮る

ケーキ

塩を加えて混ぜ、味を整える

お汁粉用なら水分をすこし残す。団子にのせるならちょっと固め。ケーキに挟むならしっかり水分を飛ばしてね

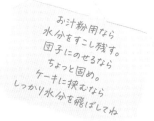

生クリームに砂糖を加えて、泡立てる

2つにカットしたスポンジケーキに粒あんを挟んで、上には5をのせる。最後にすりごまをかける

おばあちゃんがよくおはぎを作ってくれていたんですよね。だから子どもの頃からずっとあんこが大好きなんです。

焼くまで5分のポリ袋バナナケーキ

バナナケーキって、しっとりしてないと終わるよね。でも、くどくないふわっとした軽さもほしい。
そんないいとこどりを研究し尽くしたレシピです。

きっと世界一
カンタンだから、
おやつ上手に
なった気分♪

材料 (作りやすい分量)

<生地>
- ・砂糖 ……………… 80g
- ・卵 ………………… 2つ
- ・サラダ油 ………… 120g
- ・薄力粉 …………… 150g
- ・ベーキングパウダー … 3g
- ・バナナ …………… 2本

<トッピング>
- ・バナナ ………… 1本

やる気ポイント

- ・ポリ袋の中で混ぜるから洗い物が少ない
- ・薄力粉をふるわなくていい

「わたし1分
揉んだかな〜」
という気がする
くらいでOK

混ぜる

1 器にポリ袋をかぶせて、生地の材料を量り入れる

2 ポリ袋を持ち上げて、手で粉っぽさがなくなるまで揉む

ここで予熱

焼く

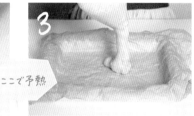

3 ポリ袋の角を切り、そこからバットに生地を絞り入れる

つまようじとか竹串を
刺して、何もくっついて
こなければOK

4 輪切りにしたバナナをのせる

5 170度のオーブンで30分焼く。焼きたてをひと口食べたらあとは我慢して、ひと晩置くともっとおいしい

バナナケーキって、
食べたらこう、なんでフフッと
人の顔をさせるんでしょうね。
たまらん

トッピングのバナナ1つにつき、ひと切れってかんじでカットすると、とってもかわいいです。

ダブル食感のポリ袋リンゴケーキ

砂糖をふりかけた表面はカリッカリ、リンゴはドライフルーツっぽくなっていて、
噛んだらじゅわわってなります。絶妙です。

ボテボテの
はずれリンゴでも
おいしく作れる

材料 (作りやすい分量)

<生地>
- リンゴ (角切り) … 1/2 こ
- 砂糖 …………… 80g
- サラダ油 ………… 120g
- 薄力粉 …………… 170g
- ベーキングパウダー … 3g
- 卵 ……………… 2つ

<トッピング>
- リンゴ (スライス) … 1/2 こ
- 砂糖 ……… 大さじ 2

やる気ポイント
- ポリ袋の中で混ぜるから洗い物が少ない
- 薄力粉をふるわなくていい

混ぜる

1 器にポリ袋をかぶせて、生地の材料を量り入れる

2 ポリ袋を持ち上げて、手で粉っぽさがなくなるまで揉む

あ～
いいかんじ～

焼く

ここで予熱

3 ポリ袋の角を切り、そこからバットに生地を絞り入れる

4 スライスしたリンゴを並べて、砂糖をかける

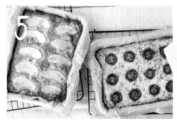

5 170度のオーブンで40分焼く。食べるのを我慢してひと晩置くともっとおいしい

同じ温度のケーキは
一緒に焼けるよ。
ねぎケーキ (P.46) は
リンゴケーキより焼き時間が
短いから、先に出してね

こちらもトッピングのりんご1つにつき、
ひと切れってかんじでカットすると、
とってもかわいいです。

くせになるポリ袋キャロットケーキ

甘酸っぱいクリームチーズ、ほんのり甘いキャロットケーキ、
オールスパイスが醸し出す魔法の香りが口の中で混ざり合う……。

にんじん丸ごと1本分。
栄養たっぷりなのに
めちゃくちゃおいしいのよ

材料 (作りやすい分量)

<生地>
- 砂糖 ・・・・・・・・・・・ 60g
- たまご ・・・・・・・・・・ 2つ
- サラダ油 ・・・・・・・・ 80g
- にんじん (すりおろし)
  ・・・ 小1本分
- 薄力粉 ・・・・・・・・・ 150g
- ベーキングパウダー ・・・ 2g

- (あれば) オールスパイス
  ・・・ 1g
- シナモンパウダー ・・・ 2g
- レーズン ・・・・・・・・ 40g
<デコレーション>
- 砂糖 ・・・・・・・・・・・ 60g
- クリームチーズ ・・・ 200g
  ※室温に戻しておく

やる気ポイント

- ポリ袋の中で混ぜるから洗い物が少ない
- 薄力粉をふるわなくていい

オールスパイスはなくてもおいしいけど、一度おいしさに気づいてしまうと、それなしでは物足りなくなっちゃいます

混ぜる →

器にポリ袋をかぶせて、生地の材料を量り入れる

ポリ袋を持ち上げて、手で粉っぽさがなくなるまで揉む

焼く →

ここで予熱

ポリ袋の角を切り、そこからバットに生地を絞り入れる

180度のオーブンで35分焼く。粗熱がとれるまで冷ます

よーーく冷まさないと、上にのせるクリームチーズが溶けちゃうよ

仕上げ →

一気にステキになる気がします

砂糖とクリームチーズを混ぜて、ケーキの上に塗り広げる

カットしてみて、レーズンが多いところはアタリ！少ないところはハズレです。ごめんね笑

朝ごはんに！ポリ袋ねぎケーキ

おしゃれすぎないケークサレ、みたいなかんじです。
「洋風お好み焼きケーキ」とも呼べそう。

焼きトマトが
ジュワッと染みて、
ソースみたいに
なってるの

材料（12カット分）

これも、トッピングの
トマト1つにつき
ひと切れでカットすると、
かわいい

＜生地＞	
・小ねぎ（小口切り）… 1束	・塩 ……………… 5g
・ハム（みじん切り）… 4枚	・サラダ油 ………… 100g
・卵 ………………… 2つ	・マヨネーズ ……… 20g
・薄力粉 ………… 150g	＜トッピング＞
・ベーキングパウダー … 4g	・ミニトマト …… お好みで

混ぜる

この時点では
お好み焼きにしか
見えない

→

焼く

→

1

器にポリ袋をかぶせて、生地の材料を量り入れる

2

ポリ袋を持ち上げて、手で粉っぽさがなくなるまで揉む

3

ここで予熱

ポリ袋の角を切り、バットに生地を絞り入れる。ミニトマトを飾り、170度のオーブンで25分焼く

つかれてない？

3

甘いものというかそうじゃなくてとにかく……

「チョコが食べたいんです!」

って日のおやつ

心と体がどうしても…! チョコレートを欲してる日って、ありますよね。
分厚い「生チョコサンドクッキー」、材料3つでとろける「フォンダンショコラ」……。
親愛なるチョコレート好きに捧ぐ、カカオまみれのレシピたちです。

分厚い生チョコサンドクッキー

苦めのクッキーとずっしり甘い生チョコのコンビが相性最高。
この分厚さ、お店だとぜったい利益が出ない贅沢だと思います笑

チョコ×チョコの贅沢。
食べにくい、
だがそれがいい！

材料 (10こ分)

<クッキー>		<生チョコ>	
・バター	50g	・板チョコ	200g
・砂糖	50g	・生クリーム	100g
・薄力粉	150g	・(お好みで) ラム酒	
・ココア (甘くないもの)	20g		小さじ1
・卵	1つ		

やる気ポイント

・ポリ袋の中で混ぜるから洗い物が少ない
・生チョコもレンジで失敗なし (分離もしない)

ポリ袋でやると、ボウルがバターでベタベタにならないよ

もうこれだけでなんかかわいいんですよ

クッキー →

1 ポリ袋にバターを入れて、手でもみ柔らかくする。残りの材料を加えて、さらに揉む

ここで予熱

2 天板にオーブンシートを敷いて、その上に生地を広げ、もう1枚シートで挟む。麺棒で薄く伸ばし、カードで長方形にカットする

3 170度のオーブンで25分焼く。冷めたら手でパキパキと割る

生チョコ →

4 耐熱ボウルに割ったチョコと生クリームを入れて、500Wのレンジで (ラップせずに) 3分加熱する。ヘラでよく混ぜ、ラム酒を加えて軽く混ぜ合わせる

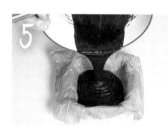

5 容器にオーブンシートを敷いて、その上に4を流し入れ、2時間ほど冷凍庫で冷やす

ラップだと、めちゃくちゃチョコがくっついちゃうから気をつけてね

仕上げ →

6 クッキーと同じ大きさにカットして、挟む

 生チョコは分厚ければ分厚いほど見た目がかわいいし、食べ応えもあります。

スーパーフォンダンショコラ

カップアイスを使えば、かんたんに「中からとろっと溢れ出すチョコレート」の出来上がり。
グラタン皿まるごと1つの分量で大胆に作ってね。

材料3つ
工程3つで、
魔法みたいに
とろっとろ！

材料（グラタン皿1枚分）

- スーパーカップ（チョコクッキー）……… 1つ
- 薄力粉 ………… 40g
- ココア（甘いもの）… 50g

真ん中のとろとろと、
端っこのケーキみたいになってるところを
混ぜて食べるとおいしいです◎

失敗が気になる人は、
すこし焼き時間を短め
にして様子を見ながら
焼いてね

混ぜる →　　　　　　　　　　　　　　### 焼く →

アイスを冷凍庫から出して、フチがすこし溶けるくらいにしておく

ボウルに材料を入れて、ヘラで粉っぽさがなくなるまで混ぜ合わせる

ここで予熱

グラタン皿に流し入れて、160度のオーブンで18分焼く

たまご焼き器で焼けるチョコチーズ

チョコが最初にガツンときて、そのあとチーズがふわっときて、
最後にまたチョコがやってきます。縦長に切るとお店っぽくてかわいいね。

ムースみたいな、
とろっと
なめらか食感

材料（たまご焼き器1台分）

- 板チョコ ………… 50g
- 練乳 ……… 大さじ5
- クリームチーズ … 200g
  ※室温に戻しておく
- 薄力粉 … 大さじ1と1/2
- 卵 ……………… 1つ

縦長にカットするの
かわいくないですか？

ここでこそっと、
ちょっとひと舐め♡
いかんいかん
これ以上はいかん

混ぜる

耐熱ボウルに割ったチョコと練乳
を入れて、500Wのレンジで（ラッ
プをせずに）1分加熱する

泡立て器で軽く混ぜ、クリーム
チーズを加えて混ぜる。薄力粉
と卵も入れて、混ぜ合わせる

焼く

たまご焼き器にオーブンシートを
敷いて、流し入れる。以降はP.21
と同じ工程

テリーヌみたいな抹茶がトー

抹茶のスイーツって、プレゼントしたら喜ばれる特別感がありますよね。
ほどける口溶けに思わず微笑んじゃう、初夏の涼しいおやつです。

ほろ苦さが際立つ、
上品なおいしさです

材料 (15cm パウンド型)

- 板チョコ (ホワイト) … 200g
- バター ……………… 80g
- 卵 ………………… 2つ
- 薄力粉 …………… 30g
- 抹茶パウダー …… 10g

<仕上げ>
- 抹茶パウダー … お好みで

やる気ポイント

- 薄力粉をふるわなくて いい
- ボウル１つで混ぜて焼 くだけ

混ぜる ▶

ここで予熱

1 耐熱ボウルに割ったチョコとバターを入れて、500W のレンジで（ラップをせずに）３分加熱する

2 泡立て器でぐるぐる混ぜる

「卵の殻が入っちゃったときは、殻ですくうと取れるよ」って編集さんが教えてくれました

3 卵と薄力粉を加える。抹茶パウダーは茶こしでふるいながら加えて、ぐるぐると混ぜる

焼く ▶

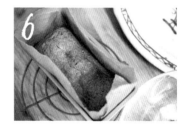

4 型にオーブンシートを敷いて、流し入れる

5 4をバットの上に置いて、天板にのせてから、バットの中に熱湯をギリギリまで注ぐ

6 150 度のオーブンで 60 分焼く。焼きたてはほろほろ、ひと晩置いたらテリーヌみたいにしっとり

緑色の雪を降らしましょう。
緑色の雪って
実際降ってきたら怖いだろうなあ。
なんか宇宙でドラゴンが
闘ってるのかって想像しちゃう

仕上げに抹茶パウダーをかけると、もっとかわいいよ！

たまご味の白いブラウニー

「とにかく甘いもので攻めたい」そんなときにぜひ。
見た目はかわいいのに攻撃性が高い味。食感は濃厚なチーズケーキみたいです。

苦〜いコーヒーに
甘〜いこれを
合わせたい

材料 (15カット分)

- 板チョコ (ホワイト) … 200g
- 生クリーム … 200cc
- 薄力粉 ……… 50g
- 砂糖 ………… 30g
- 卵 ……………… 1つ

やる気ポイント

- 薄力粉をふるわなくていい
- ボウル1つで混ぜて焼くだけ

混ぜる ▶

生クリームはもったいないのでいろいろ箱からこそげとる

ここで予熱

耐熱ボウルに割ったホワイトチョコと生クリームを入れて、500Wのレンジで (ラップをせずに) 2分加熱する

ヘラで軽く混ぜ、薄力粉と砂糖を加えてさらに混ぜ合わせる

卵を加えて、混ぜ合わせる

焼く ▶

バットにオーブンシートを敷いて、流し入れる

オーブンシートは一度手でくしゃくしゃにしたものを広げて敷くと、バットに馴染むよ

150度のオーブンで20分焼く。粗熱がとれたら冷蔵庫でよく冷やす

「白い」「ブラウニー」って名前が矛盾してますけど、おいしいからよし! としませんか?

白黒かわいいオカピケーキ

アーモンドスライスが見た目にも食感としてもポイントです。
冬のケーキってかんじだから、クリスマスにブッシュドノエル代わりに作るのもいいね。

パリパリ甘い
ホワイトチョコが
やみつきです

材料 (15cm パウンド型)

・バター ……………… 100g
　※常温に戻しておく
・砂糖 ……………… 90g
・薄力粉 ……………… 80g
・ベーキングパウダー … 3g
・ココア (甘くないもの) … 20g
・卵 ……………… 2つ

<トッピング>
・板チョコ (ホワイト) … 3枚
・アーモンドスライス
　　　　　　　　 … お好みで

やる気ポイント

・薄力粉をふるわなくて
　いい
・アイシングはかけるだけ
　でそれとなくおしゃれ

*シートとシートが外れない
ようにくっつけたいときは、
こんなふうに生地を
ノリ代わりにしてくっつけてね*

混ぜる ➡

焼く

1
ボウルにバターを入れて、よく練る

ここで予熱

*バターを練ると
マヨネーズみたいに
なります*

2
生地の材料をすべて加えて、ゆっくり混ぜ合わせる

3
型にオーブンシートを敷いて、流し入れ、170度のオーブンで45分焼く

*アイシングがすっごく
垂れるけど大丈夫。
冷えたら勝手に固まります*

➡ アイシング

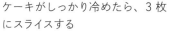

4
ケーキがしっかり冷めたら、3枚にスライスする

*ホワイトチョコは
焦げやすいので、慎重派の人は30秒ずつ
でもいいかも*

5
耐熱カップにホワイトチョコを入れ、500Wのレンジで1分加熱する。一度かき混ぜ、さらに30秒加熱してさらに混ぜる

6
ケーキの間に5とアーモンドスライスを塗り重ね、一番上にもトッピングする

*ホワイトチョコは上からかけると
勝手にいいかんじに流れてくれます。
できる子です笑*

チョコキャラメルアーモンド

外側はサクサク、内側はねっとり。あとを引くジャンキーな甘さです。
おいしいものをぜんぶ混ぜてみた！ ってかんじのレシピかな笑

市販のキャラメルと
板チョコがおしゃれな
スイーツに大変身！

材料 （たまご焼き器1つ分）

- キャラメル（市販）… 5粒
- 板チョコ（ミルク）
　　　　… 50g（1枚）
- バター　………… 40g
- アーモンドスライス … 30g
- 小麦粉　　………… 70g

「外国のお菓子」って
かんじの食感と味。
わたしは冬に
あったかいミルクティーと
合わせて食べたいです。

混ぜる →　　　　　　　　　　　　　　　　焼く

油も
クッキングシートも
いらないよ

1

耐熱ボウルにキャラメル・チョコ・
バターを入れて、500Wのレンジで
（ラップをせずに）2分加熱する

2

アーモンドスライスと小麦粉を加
え、混ぜ合わせる

3

たまご焼き器にヘラで押し広げ
て、弱火で10分焼く。粗熱が
とれたら冷蔵庫でよく冷やす

いま、変身の時

4

年中スーパーに売っているフルーツで大量生産！

つくり置きできる「おやつのもと」

スーパーに年中売ってる、リンゴ、バナナ、レモン、キウイを使って、
いつでも作れる便利なジャムやフィリングを考えてみました。
パイの具にしたり、トーストにのせたり、ヨーグルトにかけたり、アレンジは自由自在。
手作りアイスの作り方もオマケします。

アップルパイの中身だけ

薄力粉のおかげでこんなにとろみが出るんです。
ほんのすこしだけリンゴに残るシャキシャキ食感も絶妙です。

レンジで
5分で、
とろっとろ！

材料 （作りやすい分量）

- リンゴ（角切り） … １つ
- 砂糖 ……… 大さじ６
- シナモンパウダー
  　　　　　… 小さじ 1/2
- 薄力粉 ……… 小さじ２

＜パイ＞
- 春巻きの皮 ……… 適量
- サラダ油 ……… 適量

やる気ポイント

- 火を使わなくていい
- 一度に大量に作れる

このためだけにシナモンパウダー買ってほしいです。それくらい全然違います

混ぜる ⟶

耐熱ボウルにすべての材料を入れ、混ぜ合わせる

500W のレンジで（ラップをせずに）５分加熱する

もうおいしい♡

アップルパイ ⟶

春巻きの皮で **2** を包む

⟶

フライパンに 1cm くらいの油を引き、皮の閉じ目を下にして中火で揚げ焼きにする

中身に火は通っているので表面が色づけば OK

 アイスとかヨーグルトにかけてもおいしいよ。
朝ごはんのジャム代わりにトーストにのせてもいいね。

チョコバナナパイの中身だけ

パイの具材はもちろん、クレープにもいいね。
そのまま凍らせて食べてもおいしそう！

3分でできちゃう、
おやつのもと！

材料 (作りやすい分量)

- ・板チョコ (ミルク)
  …50g (1枚)
- ・練乳　……… 大さじ2
- ・薄力粉　…… 大さじ1
- ・バナナ　………… 2本

やる気ポイント

- ・火を使わなくていい
- ・一度に大量に作れる

混ぜる →

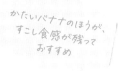

かたいバナナのほうが、
すこし食感が残って
おすすめ

耐熱ボウルに割ったチョコ・練乳・薄力粉を入れて混ぜ、500Wのレンジで1分加熱する

輪切りにしたバナナを加えて混ぜ、500Wのレンジで (ラップをせずに) 1分加熱する

ラスクとかグラノーラにかけてもおいしいよ。
これももちろん、パンにのせてもいいね。

なーんでも割れるレモネード

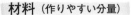

材料（作りやすい分量）

・砂糖 …………… 100g
・水 …………… 50g
・レモン果汁
　… 100g（4〜5つ）
※市販のレモン汁でもOK

1. 耐熱ボウルに砂糖と水を入れて、混ぜる
2. 500Wのレンジで（ラップをせずに）1分加熱する
3. レモン果汁を加えて、さらに混ぜる
　冷蔵庫で冷やし、好きな飲み物で割る

5つくらい絞ると、
しばらく自分から
爽やかな香りがします笑

レモンは、
「果肉をフォークで差してから
絞ると果汁が出やすい」って
スタイリストさんが
教えてくれました

これは
牛乳割り

おすすめは、
すっきり飲める
アイスティー割り

なーんにでも合うキウイジャム

炭酸水で割れば、キウイの酸味のジュワジュワ感と、
炭酸のシュワシュワが重なって、最高にさわやかです！

おすすめは、
ちょっぴり大人の
キウイモヒート

材料 (作りやすい分量)

＜ジャム＞
・キウイ …………… 2つ
・レモン汁 …… 大さじ1
・砂糖 ………… 大さじ4

＜モヒート＞
・キウイジャム … お好みで
・ホワイトラム … 大さじ1
・ミント ……… お好みで
・氷 …………… たっぷり
・炭酸水 … なみなみまで

やる気ポイント

・かたいキウイでも熟れ
　たやつでも OK
・一度に大量に作れる

ジャム →

たったこれだけ、でもこれがおいしいんですよー

1. キウイを適当な大きさに切る。鍋にキウイとレモン汁を入れて、上から砂糖をまぶす

2. 30分置いて、水分をしっかり出す

3. 強火で混ぜながら4分間煮る

モヒート →

ミントが苦手な人は、炭酸水だけでもおいしいよ

4. グラスにキウイジャム・ホワイトラム・ミント・氷を入れる

5. 炭酸水を注ぎ、最後にもう一度ミントをのせる

このジャムを牛乳かき氷（P.23）にのせてもおいしいし、
クラッカーにクリームチーズと一緒にのせれば
おしゃれな前菜に早変わり。

おうちで作れるピスタチオアイス

シェイクシェイクシェイクシェイク！家族みんなで食べられる量が出来上がります。
ピスタチオアイスって本当は緑色じゃないんだって知りました。笑

材料を
タッパーに入れて、
フリフリするだけ！

材料 （作りやすい分量）

- ピスタチオ　……40g
　※殻をむいた状態で
　量る
- 生クリーム　…200cc
- 砂糖　………大さじ3
- 卵黄　………1つ分

やる気ポイント

- ミキサーもブレンダーもいらない
- ちょっとだけ二の腕をきたえられる

シャカシャカ音が
しなくなって、
ボトボト重たくなるまで
ってかんじ

混ぜる →

ピスタチオの殻をむいて刻む

大きめのふたつきタッパーに**1**と
すべての材料を入れる

振る →

フタをして、しばらく上下にシェ
イクする

まだかな
まだかなー
早く食べたいなー

冷やす →

ふたを開けるととろっとゆっくり
垂れてくるくらいになったら、冷
凍庫で冷やしかためる

ピスタチオの代わりに、
アーモンドを入れたリレーズンを加えたりしても
おいしいと思います。

ゴマアイス　ミルクアイス

ハーゲンダッツに
負けない
のではないか？
と思いたい

栄養もあって
香りもいい。
ゴマって優秀な
食材ですね

材料 (作りやすい分量)

- ・生クリーム …… 200c
- ・砂糖 ……… 大さじ3
- ・卵黄 ………… 1つ分

ミルクアイス

1. 大きめのふたつきタッパーに材料をすべて入れる
2. ふたを開けたらとろっとゆっくり垂れてくるくらいになるまで
   振る。冷凍庫で冷やしかためる

材料 (作りやすい分量)

- ・生クリーム …… 200c
- ・砂糖 ……… 大さじ3
- ・卵黄 ………… 1つ分
- ・すりごま(黒)… 大さじ4

ゴマアイス

1. 大きめのふたつきタッパーに材料をすべて入れる
2. ふたを開けたらとろっとゆっくり垂れてくるくらいになるまで
   振る。冷凍庫で冷やしかためる
3. 途中で一度取り出し、沈んだゴマが均等になるように混ぜ
   込んで、もう一度冷やしかためる

おかしコーナー
大好き♡

5

暇なときは市販のお菓子で楽しいことしよう

雨の日に試してみたい
「実験おやつ」

「明日は雨だし、おうちでおやつでも作ろうか」「でもクッキーは前に作ったしな……」
そんなときは、遊べるおやつはどうですか?
カリカリ梅でりんご飴は作れるし、カラムーチョのいちばんおいしい食べ方っていうのがあるんです!

カリカリ梅のパリパリ飴

お祭りで食べるりんご飴のようなものを
おうちで作れるレシピです。

しょっぱい！と
甘い！が交互に来る
ふしぎなおいしさ

材料（作りやすい分量）

- 砂糖 ……… 大さじ6
- 水 ……… 大さじ1
- カリカリ梅 … お好みで

ほかのドライフルーツで作ってみてもおいしいかも。
パイナップルとか中にちょっと水分が残ってるやつが
いいと思います◎

うっすら
カラメルっぽく
色づいてきます

飴を手に落としたら
めちゃくちゃ熱いよ。
ヤケド注意！

混ぜる →

耐熱容器に砂糖と水を入れ、混
ぜる

500Wのレンジで3分加熱する

仕上げ →

カリカリ梅に**2**をたらりとまとわ
せる

アイスで作る抹茶フラペチーノ

プチカフェ気分で、おうちで試してみてください。
グラスにきれいに注ぐ方法も教えるね。

爽のシャリシャリが
いいかんじ。
アイスの味を変えたら、
ほかの味も作れるよ

材料（1〜2杯分）

・抹茶パウダー … 小さじ1
・練乳 ………… 小さじ1
・牛乳 ………… 200cc
・バニラアイス（爽）… 1/2パック

＜トッピング＞
・ホイップクリーム（市販）
　　　　　　　　… お好みで
・抹茶パウダー … お好みで

アイスと生クリームと抹茶を混ぜながら飲んでね。

アイスを使えば、本当のフラペチーノみたいに氷を砕く必要なし！

このやり方が一番きれいに仕上がると思います

混ぜる →

ボウルに抹茶パウダー・練乳・牛乳すこしを入れて、なめらかになるまで混ぜる

盛り付け →

グラスにバニラアイスをたっぷり盛る

1をグラスのフチに垂らす。牛乳を真ん中に注いで、ホイップクリームをのせる

パリパリチーズカラムーチョ

たぶん、お酒が止まらない味ってこういうことなんだろうな。
子どもに教えたらダメなやつ、ぜったいすぐ真似されちゃう大人の遊びです。

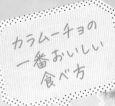

> カラムーチョの
> 一番おいしい
> 食べ方

材料

・カラムーチョ … お好みで
・ピザ用チーズ … お好みで

これ食べながら、
AmazonPrime 見て夜更かししたい。
最高に悪いことしたい笑

焼く

これ、えびせんみたいに
夏祭りの屋台に出したら
めっちゃ流行ると思うんです

1

オーブンシートの上にカラムーチョ
とチーズを置く。500W のレンジ
で (ラップをせずに) 2 分加熱する

がりがりパスタ

長細いパスタを揚げるより、こっちのほうがわたしは好きです。
おっきいベビースターラーメンって感じ？ フリッジのギザギザに味が絡むよ。

おうちで作れる
一番かんたんな
スナック菓子

材料（1〜2杯分）

・フリッジ ………… 適量	・水 ………… 小さじ1
・サラダ油 ………… 適量	・塩 ………… お好みで
<塩キャラメル>	<バター醤油>
・キャラメル（市販）… お好みで	・バター ……… お好みで
	・醤油 ………… お好みで

ほかにもチョコ味とか
コンソメ味とか
いろいろ作れそうだね。

気まぐれで買って
余ったショートパスタを
使い切るのに
ぴったりのレシピです

しょっぱいのと
甘いのと、
エンドレスです

揚げる →

フライパンに油を入れて、冷たい
状態から、生のフリッジパスタを
中火できつね色になるまで揚げる

味付け →

塩キャラメル味は、耐熱ボウル
にキャラメルと水を入れてレンジ
で溶かし、1と和えて、塩を振る

バター醤油味は、調味料を和え
るだけ

焼き芋と冷凍フルーツのチェー

焼き芋のねっとりした甘さと食感がポイント。最近は夏でも売ってるので、
角切りにして入れましょう。冷凍フルーツはお好みでなんでも。

ベトナム風、
夏のスイーツ
パーティー！

材料 （4杯分）

・ココナッツミルク缶
　　　　　　　… 200cc
・牛乳 …………… 100cc
・砂糖 ………… 大さじ 2
・氷 ……………… 適量

＜トッピング＞
・冷凍マンゴー
・冷凍ミックスベリー
・焼き芋
（スーパーで売ってるやつ）
・バナナなどお好みで

やる気ポイント

・市販のものを合わせる
　だけで作れる
・食べたいときにすぐ作
　れる

混ぜる →

ココナッツミルク・牛乳・砂糖を
混ぜ合わせる

お砂糖は
好きな甘さで
調節してね

盛り付け →

器に氷を入れて、1を注ぎ、お好
みでフルーツをトッピングする

氷は、コンビニの
アイスコーヒーの氷パックを
買ってきて、それを砕くと
ちょうどいい大きさです。
ふつうの氷を
ジップロックに入れて
砕いてもいいよ

あれだよね、
しずかちゃんも
焼き芋好きですよね。
たしか

冷凍フルーツは、マンゴーとミックスベリーが
色鮮やかでおすすめです。

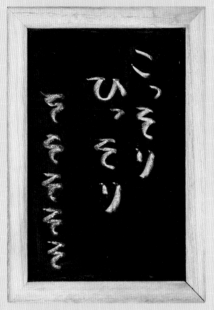

こっそり
ひっそり
そそそそそ

6

眠れない夜もわたしたちのそばにはおやつがいる

「真夜中のティータイム」
のおともたち

眠れない夜にひとりでモクモクとおやつ作るのって、とってもストレス解消じゃないですか？
「焼きリンゴ」がジュクジュクしてくるのをずっと見つめる、
「ホットチョコレート」をじっくりコトコト沸かす……そんな時間いいよね。

まるごとジュクジュク焼きリンゴ

焼いてる間もすっごくいい香り。真っ二つに割ってみてね、柔らかさにびっくりします。
濃厚な甘酸っぱさと熱々のとろける食感を味わって。

リンゴ × シナモンの
方程式を
信じています

材料（1つ分）

・リンゴ　……………　1つ	・レモン汁　……　小さじ1
・砂糖　………　大さじ2	・バター　……………　15g
・シナモンパウダー	<仕上げ>
…　小さじ1	・生クリーム　…　お好みで

夜に甘いものを食べると、
なにもかもどうでもよくなる
かんじ。なんていうか
罪悪感を通り越してもはや幸せなら
なんでもいいやーって思いますよね。

下処理

これ、
すごいアイテムでしょ。
通販で買えるよ

ここで予熱

リンゴをしっかり洗って、芯をくり抜く

焼く

真夜中のバター
最・強・説

くり抜いた部分に砂糖・シナモンを詰める。レモン汁をかけて、バターをのせる

くしゃくしゃにしたオーブンシートを敷いて2を置き、200度のオーブンで20～25分焼く。仕上げに生クリームをたっぷりのせる

魅惑の桃杏仁パフェ

桃と杏仁のお酒が売ってて、そこから思いつきました。
旬の季節じゃないときは缶詰の桃でも十分おいしいよ。

市販の
杏仁豆腐を
上手に使った
夜の〆パフェ

材料 (2〜3杯分)

- 桃 ……………… 好きなだけ
- 生クリーム …… 100cc
- 砂糖 ………… 大さじ2
- 杏仁豆腐 (市販)
　　　… 1パック (140g)
- レモン汁 …… お好みで
- グラノーラ … お好みで
- 粉糖 ………… お好みで

やる気ポイント

- 混ぜるだけ
- 材料をのせていくだけ
　でかわいく仕上がる

混ぜる →

何度も
お世話になっております
生クリーム

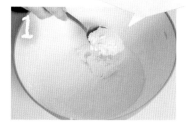

ボウルに生クリームと砂糖を入れて、かために泡立てる

杏仁豆腐を崩しながら加えて、よく混ぜる

冷やす →

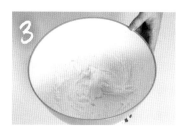

冷凍庫で30分ほど冷やしかためる

待ってる間に
マンガ一冊読むと
ちょうどいいです

盛り付け →

レモン汁は
変色防止だよ

桃はひと口サイズにカットして、お好みでレモン汁を絡めておく。グラスに桃、3のクリーム、グラノーラの順に盛り、お好みで粉糖をかける

一人暮らしを始めて、こないだ、すっごい行儀が悪いんですけど、お布団の上で初めてアイス食べたんですよ。すっごく楽しかったです。おとなって。

ホットケーキミックス
HKMを一番おいしく食べる方法

ホットケーキミックスって最強なんですけど、唯一の弱点は香りなので、
そこをチョコで補ってあげるのがポイントです。

答えは、
低温焼き
チョコケーキ

材料 （15cmの丸型）

- 板チョコ（ミルク）… 150g
- ホットケーキミックス … 50g
- 牛乳 ………… 大さじ2
- 卵 …………… 2つ

夜に食べるアイス、お風呂
上がりのハーゲンダッツ
ってなんであんなにおい
しいんでしょうね。どんなレシピも
あれには勝てないですね笑

混ぜる

焼く

低温で長時間焼くと、
ちゃんと火が通って、
かつ、
しっとり仕上がります

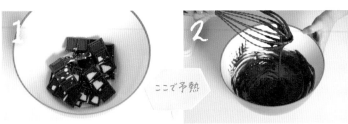

ここで予熱

1 耐熱ボウルにチョコと牛乳を入れて、500Wのレンジで2分（ラップをせずに）加熱する

2 軽く混ぜ、ホットケーキミックスと卵を加えて、さらにダマがなくなるまで混ぜる

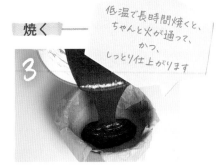

3 型にオーブンシートを敷いて、生地を流し入れ、160度のオーブンで23分焼く

熱々ホットチョコレート

もしカフェを出したら、木曜日の夕方に「ホットチョコレートタイム」とか言って、
これしか出さないとかやりたい。みんな来てくれますか？笑

冬に飲みたい
ココアを、もっと
おいしくしました

材料（2〜3杯分）

・ココア（甘くないもの）
　… ティースプーン2杯分
・水 ……………… すこし
・牛乳 … マグカップ2杯分
・板チョコ（ミルク）… 2枚分

＜トッピング＞
・生クリーム …… 200cc
※市販のホイップクリーム
　でもいいよ

もしカフェを出したら、夕方
に「ホットチョコレートタイム」
とか言って、これしか出さ
ないとかやりたいです笑

眠れないときは
小説を読みます。
村上春樹が好きです。
ハリーポッターと赤毛のアンも好き。
吉本ばななも好きです。

混ぜる

板チョコはひとかけら
くらいつまみ食い
しちゃってください

鍋にココアと水を入れて、泡立て
器でペースト状になるまで練る

温める

牛乳をすこし注ぎ入れ、なじませ
たら全量を加えて、弱火にかけ
ながら混ぜる

チョコを加えて、混ぜながらグツ
グツさせる。カップに移して、ゆる
めに泡立てた生クリームをのせる

天板いっぱいチーズクラッカー

サックサクのおつまみを手作りで。バターも砂糖も使ってないので罪悪感は少なめかも。
ちなみにわたしはワイン飲めません！

深夜にワイン1本
空けちゃいそう!?

材料（天板1枚分）

・薄力粉	……… 150g	・ピザ用チーズ	…… 50g
・塩	……… 3g	・卵	…… 1つ
・黒胡椒	……… 1g	<仕上げ>	
・サラダ油	……… 60g	・黒胡椒	…… お好みで

まだ20歳になったばっか
りでお酒はあんまり飲め
ないんですけど、これから
飲むようになるのかなあ。こないだ
はちょっぴりサングリア飲みました。

ここで予熱

焼き上がった頃には
12時をすぎるかな

混ぜる

器にポリ袋をかぶせ、すべての
材料を順に量りながら入れる

ポリ袋を持ち上げ、手で揉み揉
みタイム（粉っぽさがなくなるま
で揉み混ぜる）

焼く

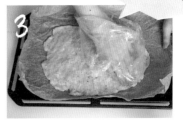

オーブンシート上に生地を薄くの
ばす。170度のオーブンで28分
しっかり焼く

やっぱり春が好き。

7

お花見もハロウィンもおやつを楽しむためにあるんです

季節の「イベントスイーツ」

おやつってやっぱり、季節やイベントごとを楽しむために不可欠なものだと思うんですよね。
お正月、お花見、夏休み、お盆、ハロウィン、いも掘り、クリスマスにお正月……。
いろんなタイミングで作ってみてね。

春のお花見みたらし団子

風邪を引いたときになぜか母が作ってくれた思い出の味でもあります。
わたしは春がいちばん好き。やっぱ、あったかいから。

みたらし餡って
めちゃかんたんに
できるのよ

材料 （作りやすい分量）

ちなみに、はるあん家の
お花見の定番は
「たけのこごはん」です。
大好き！

- 団子粉 …………… 適量
  <みたらし餡>
- 砂糖 ………… 大さじ3
- 片栗粉 ……… 小さじ2
- 醤油 …… 大さじ1と1/2
- みりん ………… 大さじ2
- 水 ………… 大さじ5

団子

お団子は妹に
つくってもらったよ

1

団子を団子粉の袋の表記どおり
に作り、串に刺す

みたらし餡

2

すぐ煮詰まるから、
焦げないように
気をつけてね

鍋に餡の材料をすべて入れ、中
火で透明になるまで煮詰める

夏のスイカシャーベット

余ったスイカの大量消費にぴったりのおやつです。
チョコの代わりにラムネを入れてもいいかも。

生のスイカ
みたいに
塩をかけると
おいしい

材料（作りやすい分量）

・スイカ … 小玉 1/2（500g）
　※皮とタネを除いた分量
・砂糖 ………… 大さじ 3
・チョコチップ … お好みで

＜食べるとき＞
・塩 …………… お好みで

夏休みの宿題はしっかり
計画的にやるタイプ。夏は
あんまり得意じゃないです。
早く過ぎてほしいな笑

混ぜる →

コツもポイントも
何もありません。
だれでも作れます

冷やす →

1
スイカの種をだいたいとり除く

2
ポリ袋に入れて、砂糖とチョコ
チップを加え、つぶす

3
冷凍庫で 2 時間ほどキンキンに
冷やす

お盆はおばあちゃんのおはぎ

すごく甘すぎるわけでも、もの足りないわけでもない。
おばあちゃんがよく作ってくれていた思い出の味をアレンジしました。

実は、
はるあんの「あん」は、
あんこの「あん」なの

材料（12こ分）

・粒あん（P.38）… 全量
・米 ………………… 1合
・もち米 …………… 1合

おはぎを作るときは、
かならず手袋をしなさい。
おばあちゃんに言われました。

ぼーっとしてたら
大きくなりすぎるから、
注意してね笑

米を炊く →

1

米をといで、水（1合カップ分）に浸けて30分以上おく

2

もち米をといで1に加え、水（1合カップ分）を入れて炊く。炊けたら、米粒をつぶすように混ぜる

包む →

3

作りたい大きさより、ひと回り小さくごはんを丸める。手のひらに粒あんを広げて包む

芋掘りのあとは大学芋ケーキ

なんだかしっぽり、お茶と一緒に食べたいお味。さつまいもの季節になったら、
一台まるごとお裾分け用に焼くのも喜んでもらえるんじゃないかな。

大学芋に
使う材料を
ぜんぶ使いました

材料 （15cm パウンド型）

・さつまいも（乱切り）	・卵	2つ
… 中1本（200g くらい）	・砂糖	90g
＜生地＞	・薄力粉	90g
・バター 100g	・ベーキングパウダー	2g
※常温に戻しておく	・黒すりごま	10g

幼稚園の頃、いも掘りした
なあ。豚汁に入れるさつま
いもがわたしはいちばん
おいしいと思います。

混ぜる →

最高の
組み合わせ
でございます

焼く →

ここで予熱

1 さつまいもを水に 5 分さらし、水を切り、500W のレンジで（ラップをして）3 分 30 秒加熱する

2 ボウルにバターを入れて練る。生地の材料をすべて加え、混ぜ合わせる

3 型に生地を入れて、冷ました 1 を押し込む。170 度のオーブンで 45 分じっくり焼く

ハロウィンはパンプキンパイ

かぼちゃって、皮に風味も栄養も詰まってるから、
残さず使えるレシピにしたよ。

甘さ控えめな
かぼちゃペーストを
口いっぱい頬張って

材料 （1ホール分）

- かぼちゃ
  … 1/2 カット（400g）
  ※皮とタネをのぞいた分量
- 砂糖 ……………… 40g
- バター ……………… 30g
- 卵黄 …………… 2つ分
- 冷凍パイシート … 2枚
  ※常温に戻しておく
  <トッピング>
- 生クリーム …… 200cc
- 砂糖 ………… 大さじ3

やる気ポイント

- パイ生地は冷凍シートでいい
- パイとフィリングを別焼きしなくていい

皮は細かくみじん切りにして、トッピング用にとっておく

混ぜる

ここで予熱

ひと口大に切ったかぼちゃを（ラップをして）500Wのレンジで9分加熱する。

水分が出ていたら捨てて、熱いうちにかぼちゃをつぶし、砂糖・バターを入れてよく混ぜる。卵黄を加え、さらに混ぜる

こうすることで、皿からパイが外れやすくなるよ

伸ばす

耐熱皿にバターを押しつけながら塗り（分量外）、薄力粉（分量外）を茶こしでふるいかける

焼く

パイシート2枚を皿にのせて真ん中をくっつけたら、端を皿のフチに沿うように伸ばす

生地の上に2をのせる。200度のオーブンで30分焼く（最後の10分は残しておいたカボチャの皮も一緒に焼く）

仕上げ

粗熱がとれたら、泡立てた生クリームとかぼちゃの皮をトッピングする

ちなみに、わたしが今までやったコスプレは「赤ずきんちゃん」です。

クリスマスの味 シュトーレンクッキー

部屋中がバターの香りでいっぱいになります。
ドライレーズンの半量をドライイチジクにすると、わたしはもっと好きかな。

シュトーレンをもっと
手軽にクッキーに
アレンジしたレシピ

材料 (20〜25こ分)

- レーズン …………… 100g
- ラム酒 ……… 大さじ2
- バター …………… 50g
  ※常温に戻しておく
- 砂糖 …………… 40g
- 卵黄 …………… 1つ
- 薄力粉 …………… 120g
- ベーキングパウダー … 1g
- アーモンドパウダー … 30g
- くるみ (ロースト) … 30g
- グラニュー糖 (スティック
  砂糖) …………… 適量

やる気ポイント

- 本物のシュトーレンに
  比べたらものすごーく
  かんたん
- 生地が余ったら冷凍庫
  で保存できる

混ぜる

この時点では、そぼろみたいな感じでOKだよ

1 ザルにドライレーズンを入れ、お湯 (分量外) をかけて柔らかくする。別の器に移し、ラム酒に浸しておく

2 ボウルにバターを入れて、泡立て器でよく練る。砂糖を加えて一度混ぜ、卵黄を入れてさらに混ぜ合わせる

アーモンドパウダーが、あのシュトーレン味の決め手です

3 ヘラに持ち替え、薄力粉・ベーキングパウダー・アーモンドパウダーを加えて、たまご色になるまでさっくり混ぜる

4 ドライレーズンを漬け汁ごと、くるみは軽く割り入れ、しっとりするまで混ぜる

冷やす

5 ラップに包んで棒状に形を整えて、冷凍庫で30分〜1時間ほどカチッとなるまで冷やす

焼く

ここで予熱

6 グラニュー糖を全体にたっぷりとまぶして5mm幅にカットし、170度のオーブンで13分焼く

サンタさん……じゃなかった、おばあちゃんに初めて買ってもらったレシピ本は、なかしましほさんのクッキーの本でした。

おせちに入れたいコンビニ田作り

カリカリ甘くておいしいあれ、こんなにかんたんに作れるって知ってました？
わたしはお正月のおやつといえばコレ！と育てられました。笑

コンビニで売ってる
アーモンドフィッシュを
使えばかんたんに
作れます！

材料（作りやすい分量）

- 醤油　……… 大さじ1
- みりん　…… 大さじ1
- 砂糖　……… 大さじ1
- アーモンドフィッシュ … 適量

ここ何年か、家のおせちはわたしが作っています。
黒豆を配って、お餅をついて。お年玉は貯金する派です。

すぐに煮詰まるから、
焦げないように
気をつけてね

温める →

フライパンに調味料を入れて、
中火で沸騰するまで加熱する

炒める →

すごいですねえ、
アイデアですねえ

アーモンドフィッシュを加えて、
絡める

パンはきらくに作ってね

8

大げさですけど、覚えておけば確実に……

人生が変わる

「一生モノの手作りパン」

パンを作るってめんどくさいイメージしかないと思うんですけど、
このレシピで作ってみたら、お手軽さにびっくりすると思います。
ほったらかすだけで発酵できちゃう食事パンから、フライパンで焼けちゃうシナモンロールまで。
毎日の朝食が変わる、自信作です！

魔法のほったらかしプチパン

冷蔵庫でほったらかして、たまにパンチするだけで完成する魔法のようなハード系パン。
外はカリカリ、中はモッチモチ。どんなお料理にも合います。

こね時間は
たったの1分！

材料（8つ分）

- 強力粉 ……… 300g
- 塩 ……………… 4g
- 砂糖 ……… 2つまみ
- ドライイースト … 2g
- 水… 1カップ(200cc)
- オリーブオイル
  　　　　 … 大さじ 1/2

やる気ポイント

- こねる時間がほとんどいらない
- 仕込んでおけば好きなときに焼きたてが食べられる

混ぜる ➡　　　　　　　　　　　　　　　　　➡ 発酵させる ➡

ボウルに強力粉・塩・砂糖・ドライイーストを入れてヘラで軽く混ぜる。水とオリーブオイルを加え、水分がなくなるまで混ぜる

手で1分ほどこねる

まとまったら深さのあるタッパーに入れて、フタをして冷蔵庫で寝かせる

発酵させる ⬅

8時間ほど経つと生地が発酵して、1.5〜2倍くらいに膨らむ

パンチを入れてしぼませる

こんなかんじ。またフタをして、8時間ほど寝かせて膨らんだらパンチする、を繰り返す

➡　　　　　　　　### 丸める ➡

焼く1時間前に冷蔵庫から取り出す

8等分にする

次のページにつづきます

写真の通り1つずつ生地を丸める

二次発酵 ➝　　　焼く ➝

天板にオーブンシートを敷いて、9を並べ、霧吹きで表面に水をかける（分量外）

常温で1時間ほど2次発酵させる

ここで予熱

強力粉をふったら、生地の表面にはさみで適当に切り込みを入れる。220度のオーブンで15〜20分焼く

朝食に焼きたてを食べたい場合

前日14時：生地をこねて、ほったらかす
前日22時：寝る前に生地をパンチして、ほったらかす
当日6時：丸めて1時間ほったらかす
当日7時：焼く
朝の7時半に焼き上がり〜！

生地は冷蔵庫で1週間くらい持ちます。
しかも、「パンチして ➝ ほったらかす」を繰り返せば
繰り返すほど長時間発酵されておいしくなります。

感動のほったらかしピザ

ほったらかしプチパンの生地１回分で２枚焼けます。
周りはちょっとカリッとしてて、中はモッチモチ。ソースも手作りしたい人は YouTube も見てね。

生地から作ると
ピザは
感動します

材料（ピザ２枚分）

・ほったらかしパンの生地
　　　　　　　… 全量

<トッピング>

・ピザソース　… お好みで

・モッツアレラチーズ
　　　　　　… お好みで

・サラミ　……… お好みで

・バジル　……… お好みで

しっかり焼き色をつけると
見栄えがいいです。ピザ
は焼きたてがいちばん。
盛り付けなくていいから熱々のうち
に食べてね。

赤、緑、黄色、
美しい色合いで
ございます

二次発酵

完璧な丸に
しなくても OK

伸ばす

ここで予熱

焼く

ほったらかしパンをオーブンシートの上で丸めて、かたく絞った濡れ布巾をかぶせ、20 分寝かせる

生地を半分にカットして、角を持ち上げ、ゆらゆらさせる。麺棒で 5mm くらいの厚さに伸ばす

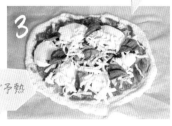

2 をオーブンシートの上に置いて、ソースと具材をのせ、230 度のオーブンで 10 分〜15 分焼く

革命！フランスパン

「二度揚げ」ならぬ「二度焼き」で、食感がすっごくフランスパン！ひと口食べたら、むちっと食べ応えがありまして、満足してもらえると思います。

技いらず！
おうちで作れる
四角いバゲット

材料 (15cm パウンド型)

- ・強力粉 …………… 100g
- ・薄力粉 …………… 50g
- ・塩 ……………… 3g
- ・ドライイースト ……… 3g
- ・水 ……………… 150cc

<焼くとき>

- ・オリーブオイル …… 適量

やる気ポイント

- ・こね時間少なめ
- ・リベイクしたらいつでも
  焼きたてのおいしさ

混ぜる

ボウルに材料をぜんぶ入れて、ヘラで混ぜる

粉っぽさがなくなったら、生地をヘラで持ち上げては下に叩きつけるようにしながら、1分ほどこねる

発酵させる

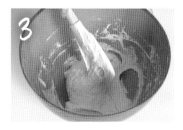

粘り気が出たら、生地をまとめて10分放置する

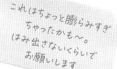

これはちょっと膨らみすぎちゃったかも～。はみ出さないくらいでお願いします

焼く

型にオリーブオイルを塗る

オリーブオイルはたまご焼き器に油を回す感じで広げて、側面は手で伸ばしてね

ここで予熱

生地を流し入れて、型ギリギリに膨れるまで発酵させる

表面に粉を振り、250度のオーブンで10分、さらに220度で20分焼く

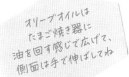

一度冷まして、スライスしてからリベイクするとおいしいです。そのままでもバターをのせても、オープンサンドにしてもおしゃれですね。

フライパンで焼けるシナモンロール

なんなんでしょうねー、このグルグル巻きのかわいいかんじ。
つくる過程も豊かな生活を味わえます。フライパンだと気持ちも楽に手軽に焼けますね。

ほぼ発酵の
待ち時間なし！

材料（フライパン1つ分）

<シナモンペースト>
- バター ‥‥‥‥‥‥ 40g
  ※室温に戻しておく
- シナモンパウダー ‥ 大さじ1
- 砂糖 ‥‥‥‥‥ 大さじ1

<生地>
- 強力粉 ‥‥‥‥‥ 300g
- 砂糖 ‥‥‥‥‥‥ 25g

- 塩 ‥‥‥‥‥‥‥‥ 3g
- ドライイースト ‥‥‥ 3g
- 卵と水を合わせて ‥ 190cc
- サラダ油 ‥‥‥‥‥ 20g

<トッピング>
- 粉砂糖 ‥‥‥‥‥‥ 80g
- 牛乳 ‥‥‥‥‥ 大さじ1

やる気ポイント

- ほとんど発酵待ちが
  ない
- オーブンいらず

シナモンペースト →

器にシナモンペーストの材料を入れて、練り合わせておく

混ぜる →

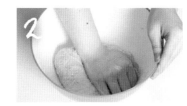

ボウルに生地の材料をすべて入れて、ひとかたまりになるまで（ベタつくなら打ち粉をしながら）こねる

指で押すと、ゆっくり戻るくらいの生地の柔らかさ

500Wのレンジで20秒加熱する。一度取り出し、こね、もう一度20秒加熱する

伸ばす →

30cm x 25cm くらいかな

生地を薄く伸ばし（ベタつくなら打ち粉をしながら）、1を塗り広げて、クルクル巻く

だいたい16分割にする

焼く →

フライパンにオーブンシートを敷いて、5を並べ、ふたをして弱火で1分加熱する。火を止めて15分発酵させる

仕上げ →

弱火でさらに15分焼き、ひっくり返して10分焼く。粗熱をとる

粉砂糖と牛乳を混ぜ合わせてアイシングを作り、7にかける

アイシングはスプーンですくい、一度かたまりを落として、残ったものを垂らしかけるイメージ

オーブンシートが燃えないように気をつけてね

揚げ焼きちぎりドーナッツ

おやつといえばドーナツでしょ！　でも、おやつのためにたくさん油を使うのはもったいないから、
最小限にできるレシピを考えてみました。

端っこはカリカリ、
中はふわふわ

材料 (フライパン1つ分)

- 強力粉　……………　250g
- 砂糖　………………　30g
- 塩　……………………　3g
- ドライイースト　………　3g
- ベーキングパウダー　…　3g
- 水　………………　160cc
- サラダ油　…………　30g

<焼くとき>
- サラダ油　……　大さじ3

<仕上げ>
- 砂糖　…………　お好みで

やる気ポイント

- こね時間少なめ
- オーブンいらず

混ぜる ⟶

耐熱ボウルにすべての材料を入れて、ヘラで混ぜる。粉っぽさがなくなったら、ひとかたまりにする

500Wのレンジで（ラップをせずに）20秒加熱する。一度取り出して、ヘラでざっくりと混ぜたら、もう一度20秒加熱する

ボウルの中で8分割して、（ベタつくようなら打ち粉をし）丸めながらフライパンに並べる

発酵させる ⟶

ふたをして弱火で1分加熱し、火を止め15分発酵させる

こんなかんじで膨れ上がる

グンバタパーン
ダパタパーン

焼く ⟶

フライパンのフチと真ん中に油を流し入れ、ふたをして弱火で15分揚げ焼きにする

仕上げ ⟶

ひっくり返すときに油が残っていなければ、大さじ1を足す

ひっくり返してさらに8分焼く。温かいうちに砂糖をまぶす

ちょっとお行儀が悪いけど、牛乳に浸して食べたらすっごくおいしいと思います。

マネしてみてね！
ステキなラッピング

手作りおやつって、だれかにプレゼントするのも楽しみの1つですよね。（わたしはあんまり得意じゃないけど……笑）なので、手作りDIYクラフトを動画でたくさん紹介してくれている、友達のayakful（アヤクフル）さんに、かんたんにかわいくできるラッピングを教えてもらいました。写真を見ながら、マネしてみてね！

「透明な袋」 × 「ワックスペーパー」 × 「リボン」

パウンドケーキは1切れずつラッピングするとかわいいです。透明な袋の中にきれいな色のワックスペーパー（100円均一にあるよ）を敷いて、ケーキを入れて、上からリボンでくるんと結ぶだけなんだって！ シールを貼ってもかわいいですね。

「お茶だしパック」 × 「クッキングペーパー」 × 「リボン」

シンプルだけど、とってもかわいくないですか？ チョコやブラウニーをお茶だしパックにそっと包んで、クッキングシートで巻いて、好きなリボンで十字に結ぶだけ。まるで、アクセサリーを贈るみたいでキュンとしますね。

「紙コップ」
×
「透明な袋」
×
「リボン」

なるほど、こちらはちょっとひと工夫ですね。クッキーを透明な袋で包んで、紙コップに少し切れ目を入れて中身を見せるわけですね。そして最後は十字にリボン。おっしゃれ〜！

「牛乳瓶型カップ」
×
「リボン」

かわいい〜！ プラスチック製の牛乳瓶型カップが100円均一に売ってるんだって。これにプリンを入れてリボンを結ぶだけ。蓋の部分に紙を敷いて、ヘアゴムで縛ってもいいみたい。これだけでお店のスイーツみたいになるんですね。今度やってみよー。

「フォーク」
×
「リボン」
×
「マスキングテープ」

フォークまでかわいくできる方法があったなんて！ 持ち手の部分にマスキングテープで柄をつけて、細めのリボンをキュッと巻きつける。お土産だけじゃなくて、パーティーのときにもぴったりかも！

もっともっとラッピングのことや手作り DIY クラフトのことを知りたいと思った方は、ayakful（アヤクフル）さんの YouTube をチェックしてみてね！

欲張りは終わらない！
秘密の組み合わせレシピ

キケン注意報！ この本の最後に、そのままでもおいしい掲載レシピをもっともっとおいしく＆かわいく食べる秘密のアイデアをご紹介します。やっちゃいけないよね、食べちゃいけないよね、でも、ガマンできないよね。笑 では、心してどうぞ！

Best match!

「カップアイスで作るスーパーマフィン」
×
「魅惑の桃杏仁パフェ」

ふわふわのスーパーマフィンの上に
濃厚な杏仁クリームをたら〜り。ピッタリです。

Best match!

「練乳クッキー」
×
「クリームに埋もれたいときのカスタード」

サックサクのクッキーでとろっとろの
カスタードクリームをディップしちゃえば？

Best match!

「"未完成"レアチーズ」
×
「チョコキャラメルアーモンド」

チョコキャラメルアーモンドを
レアチーズにさしてパフェっぽくどうぞ。

「たまご焼き器で焼けるチーズケーキ」
×
「アップルパイの中身だけ」

Best match!

さっぱりしたチーズケーキの上に甘〜いとろとろ……
極上の組み合わせです。

Best match!

「キャラメルナッツ」
×
「ピスタチオアイス」

ただのカロリー爆弾なんですが……
ナッツ好きに捧げる、間違いない組み合わせです！

Best match! 「ふわふわ牛乳かき氷」
×
「染みしみ煮いちごショートケーキ」

牛乳かき氷にソースのように煮いちごをかけちゃえば、
本格的なイチゴミルク味の出来上がり。

 ♡

「焼くまで5分！バナナケーキ」
×
「ホットチョコレート」 *Best match!*

ちょっとお行儀が悪いけど……バナナケーキを
ホットチョコレートにつけちゃえば、ぜったいおいしい！

「抹茶のがトーショコラ」
×
「ゴマアイス」

Best match!

和な組み合わせ、ぜったいおいしい♡

「ほったらかしピザ」
×
「レモネード」 *Best match!*

献立的な組み合わせですが、
間違いないスナックタイムですね。

Best match! 「革命フランスパン」
×
「キウイジャム」

これにクリームチーズも足したら、最高ですよね！

「フライパンで焼けるシナモンロール」
×
「ミルクアイス」 *Best match!*

ただでさえおいしいシナモンロールに
アイスが染みたら…もうドヒャー。

ほかにもベストマッチ！な組み合わせや、アレンジアイデアが見つかったら教え
てね！みんなの「作ったよ！」の報告お待ちしています。

おわりに

　この本をつくりはじめたとき、わたしには自信がありませんでした。

　おやつの時間も作るのも大好きだけど……本1冊分のレシピが作れるのかな？　と。小学5年生のとき、サンタさんにケーキ型とマフィン型をもらいました。それからずっと、おやつを作り続けてきました。高校1年生からYouTubeに料理動画をアップし始めて、たくさんの人に見てもらえるようになりました。でも、20歳になったばかりのわたしは、キラキラとしていたかったけど、なぜだかすごーく焦ってしまって、でも思うように動けなくて、自分のレシピにはもちろん、もう何事に対しても自信がなくなってしまっていたのです。

　そんなときに本づくりが始まりました。最初は思いのまま、「こんなおやつが載っていたらいいだろうなぁ」と妄想してみました。とてもワクワクしました。同時に、完成まで長い長い道のりになるだろうとも思いました。その瞬間にね、気づいたのです。「あぁ、今の自信のないわたしを脱却するには、きっとなにかをひたすらにがんばるしかないのだな」と。目の前には、おやつのアイデアをたくさん書き出したパソコンの画面があって、「この本を完成させたときには、少し自分に自信がついているかもしれない」と、覚悟を決めた、そんな感じだったなぁ。

そのあとは試作を繰り返しました。毎日おやつのことが頭から離れなくて、きほん甘いものを食べたいとは思わなかったし、考えただけで胃もたれしちゃう日もありました。でも不思議と体はつかれているのに心は元気で、というかメラメラとなにかが燃えていて。今から思うと、本当に不思議な時間でした。そしてとても貴重で素敵な時間でした。本づくりの間、イヤになるくらいの量の試食をしてくれた家族やお友達には感謝してもしきれません。

　ここからは個人的なメッセージになってしまうかもしれませんが。

　まず、「本をつくりましょう！」と言ってくださったライツ社の大塚さん。初めてオンラインでお話したあと、その熱量に圧倒されたのか寝込みました。笑 でも本当に感謝の気持ちでいっぱいなのです。良いところはいっぱい褒めてくれます。でもダメなところはダメ！ とはっきり教えてくれました。はっきり教えてくれる方というのはとても貴重な存在で、これからも料理をしていきたいわたしにとって、ありがたく勉強になることばかりでした。

　次に、わたしの作ったおやつをそれはそれは素敵にしてくださった、スタイリスト本郷さんとカメラマン土居さん。撮影の間にしたお話も楽しくって、終わっちゃうのが寂しかったです。本当にありがとうございました。

　個人的メッセージの最後は、マネージャーさんへ感謝を伝えたいです。いつもいつもどんなときもやさしくて、わたしの知らないことをいっぱい知っていて、支えてくれてありがとうございます。きっとひとりだったら、この本づくりも乗り越えられなかったと思っています。これからもどうぞよろしくお願いします。

　そして、ここまで言い忘れていたわけではないですよ。でも、いまさら感ありすぎますが。この本を手にとってくださったみなさまへ、ありがとうを言わせてください。おやつの時間をもっともっと多くの方が楽しんでくれるといいなぁ、と願っています。

はるあん

OFF SHOT

満足な焼き上がり
だったご様子です

リンゴの皮を
いったいいくつ剥いた
ことでしょう……！

カメラマンさんに
「ちょっとそのままこっち向いて
くださーい」と言われたときの
素の顔です。笑

こちらは反対に、
「んー、焼き時間もうちょっと
足さないといけないかなあー」
というシーンですね、たぶん

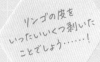

見事なスイカ、
パッカラコーン！
（撮影終盤で
顔がつかれてる）

生地を混ぜるとき、
わたしぜったい口がパカンと
空いちゃうんですよねー

はるあんのベストおやつ

2021 年 11 月 30 日　第 1 刷発行

著　者　はるあん
発行者　大塚啓志郎・髙野翔
発行所　株式会社ライツ社
　　　　兵庫県明石市桜町 2-22
　　　　TEL　078-915-1818
　　　　FAX　078-915-1819

印刷・製本　シナノパブリッシングプレス

ブックデザイン　　宮田佳奈
写真　　　　　　　土居麻紀子
スタイリング　　　本郷由紀子
調理アシスタント　あかり
ラッピング　　　　ayakful（アヤクフル）
ヘアメイク　　　　香田奈岐沙
マネジメント　　　植村紗央理（UUUM 株式会社）

営業　　　　髙野翔・堀本千晶
営業事務　　吉澤由樹子
編集　　　　大塚啓志郎・有佐和也・感応嘉奈子

ライツ社 HP　http://wrl.co.jp